予約のとれない料理教室
「ライクライクキッチン」の
特製レシピ 65

JN055195

小堀紀代美

コボリ喫茶室にようこそ

「喫茶室」。その響きがどこか懐かしく、甘やかな気持ちになります。

喫茶といえば昭和を思い出し、定番のナポリタンやサンドイッチから、
ドリンク、パフェやケーキ、ホットケーキまで、
お腹を満たしてくれるとっておきの場所でした。
そしてその当時、ドリアやカルボナーラ、クレープといった
新しい味との出会いの場所も喫茶でした。

そんな喫茶の定番メニューに
アメリカンブレックファーストなどを加えて、
それぞれを今、少し新しい味わいにして出会えたら……。
私の描く「喫茶室」、「近所にあったら自分が通いたい」
それが「コボリ喫茶室」のテーマです。

学校帰りに通った喫茶店のドリア、
子どもの頃のおやつに父と一緒に作ったクレープなど
私の思い出の味と、
薄切りハムたっぷりのハムトースト、卵黄の配合が多めのプリンなど
我が家の定番の味。
ハムカツにはきゅうりのごまあえ、
コールスローの味つけは少し甘いカレー風味、
ケーキに使うクリームは見た目は同じようでもどれも違う味わいなど
私なりの工夫とちょっとしたこだわりの味を。
想像通りの味も、そうでない初めて出会う味もあると思います。
懐かしく、そして新鮮に感じてもらえたら嬉しいです。

普段の食卓にも、友人とおしゃべりしながらのテーブルにも、
ゆっくりと過ごす1人の時間にも、
それぞれに楽しんでいただけたらと思います。

メニューを広げ、本をめくって、まるで喫茶室にいるような気分で
ぜひ作って食べてみてください。
お気に入りの1品を見つけたなら、
誰かをぜひ「喫茶室」にお誘いしてみてくださいね。
喫茶をテーマに話に花が咲くかもしれません。

「今日のご注文は何にしますか？」
コボリ喫茶室にようこそ！

小堀紀代美

コボリ喫茶室にようこそ　2

食事メニュー

お食事

スパゲッティ ナポリタン　10

スパゲッティ ミートソース　12

スパゲッティ カルボナーラ　14

きのことベーコンの和風スパゲッティ　16

なすとツナのトマトソーススパゲッティ　18

えびマカロニグラタン　20

インディアンピラフ　22

本格シーフードピラフ　24

オムライス　26

ドライカレー　28

ハッシュドビーフ　30

チキンドリア　32

ココナッツレモンクリームドリア　34

軽食

ピザトースト　36

コールスローとちくわトースト　38

ひき肉クリームトースト　40

大人のハムトースト　42

目玉焼きのせチーズトースト　44

バターシュガートースト2種　46
A　バター、グラニュー糖 & ホイップクリーム
B　バター、黒糖 & きなこ

ふんわり卵サンド　48

タルタル卵サンド　50

だし巻き卵サンド　52

B.S.T.（ベーコン・スプラウト・トマト）サンド　54

かぼちゃと生ハムサンド　56

マカロニサラダサンド　58

コンビーフポテトサンド　60

平焼きハンバーグサンド　62

厚切りハムカツサンド　64

えびフライサンド　66

ツナメルトホットサンド　68

コボリ風ホットドッグ　70

ささ身フライドッグ　72

スペシャル　モーニング

ブルーベリーパンケーキ　74

マカロニチーズパンケーキ　76

オレンジ風味のフレンチトースト　78

アボカドナッツトースト　80

ピーナッツバターとベーコンバナナサンド　82

喫茶メニュー

おすすめ
デザート

特製プリン　86

コーヒープリン　88

チャイプリン　90

コーヒーゼリー　92

いちごのババロア　94

いちごパフェ　96

チョコバナナサンデー　98

マロンシャンテリー　100

ホットケーキ　102

チーズクリームのスコーンサンド　104

あんバターのスコーンサンド　106

ケーキset

レアチーズケーキ　108

ベイクドチーズケーキ　110

チョコレートケーキ　112

バナナパイ　114

りんごのマドレーヌ　116

クレープケーキ　118

◎ケーキsetは、以下のドリンクから好きなものを選べます。
　　コーヒー（ホット・アイス）
　　紅茶（ホット・アイス）
　　カフェオレ（ホット・アイス）
　　ハーブティー（ミント・カモミール）

特製
ドリンク

カフェモカ　120

塩ココア　120

アップルティー　120

ほうじ茶カモミール　120

フレッシュメロンクリームソーダ　122

レモンスカッシュ　123

ビネガースカッシュ　124

アボカドバナナハニージュース　125

ミックスジュース　126

バーボンバニラシェイク　127

◎計量単位は、1カップ＝200㎖、
　大さじ1＝15㎖、小さじ1＝5㎖です。
◎オーブンは、ガスオーブンを使っています。
　温度と焼き時間は目安です。
　熱源や機種によって多少差があるので、
　様子をみながら加減してください。
◎電子レンジは600Wを使用しています。
　加熱時間は目安です。
　機種によって多少差があるので、
　様子をみながら加減してください。

食事メニュー

喫茶室の洋食ごはんは、昭和レトロでありながら
いつ食べても飽きない、また食べたくなるものばかり。
ちょっとひと休みのつもりでテーブルにつけば、
不思議と小腹が空いてきて、
つい1品頼んでしまうような魅力があります。
ここで紹介するのは、そんな喫茶室の看板メニュー。
スパゲッティやピラフ、トーストにサンドイッチ、
そして、コボリ喫茶室のスペシャルモーニング！

お食事

なんと言っても王道は
スパゲッティとライスもの。
永遠のおいしさです

ミニトマトを加えてフレッシュ感をプラス。
よく炒めるのがポイント

❧ スパゲッティ ナポリタン

材料 2人分

スパゲッティ(1.9mm)——180g
ソーセージ——4本
ピーマン——2個
玉ねぎ——½個
マッシュルーム——4個
ミニトマト——4個

オリーブオイル——大さじ2
塩——ひとつまみ
白ワイン——大さじ2
トマトケチャップ——大さじ4
粗びき黒こしょう、パルメザン粉チーズ、タバスコ
——各適量

1 ソーセージは斜め5～6等分に切る。ピーマンは種を取って3～4mm幅の輪切りにする。玉ねぎとマッシュルームは薄切り、ミニトマトはヘタを取って8等分に切る。

2 スパゲッティは塩を加えた湯(湯2ℓに対して塩大さじ1・分量外)でゆではじめ、表示時間より2分短くタイマーをセットする。

3 フライパンにオリーブオイルを入れて強めの中火で熱し、ソーセージを入れて炒める。玉ねぎ、マッシュルーム、ミニトマトを加え、塩をふってさらに炒め(a)、白ワインを加えて炒め合わせる。

4 スパゲッティがゆで上がったらトングでつかみ上げて3に加え(b)、ゆで汁大さじ3を入れて1～2分炒める。トマトケチャップを加えて味がからむまで炒め、ピーマンを加え(c)、炒め合わせる。

5 器に盛り、こしょう、粉チーズをふる。好みでタバスコをかける。

a

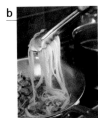
b

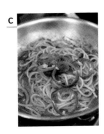
c

材料 2人分

スパゲッティ(1.9mm)——180g
牛ひき肉——150g
しいたけ——4個
セロリ——½本
玉ねぎ——½個
にんじん——¼本
にんにく——1かけ
オリーブオイル——大さじ1½

赤ワイン——大さじ4
トマトペースト——大さじ1
トマトピューレ——1カップ
ローリエ——2枚
バター——30g
パルメザン粉チーズ——大さじ2
塩——小さじ½
粗びき黒こしょう——適量

1　しいたけは軸を取ってみじん切りにし、セロリ、玉ねぎ、にんじん、にんにくもみじん切りにする。

2　フライパンにオリーブオイルとにんにくを入れて中火で熱し、香りが立ったら残りの野菜を入れ、強めの中火で少し色づくまで炒める。

3　野菜をフライパンの端に寄せ、空いたところにバターの半量を入れ、溶けたらひき肉を入れて広げ(a)、さわらずに焼く。肉に焼き色がついたら上下を返し(b)、塩、こしょうを加えて肉をほぐして炒める。

4　赤ワインを加え、フライパンの底についた焼け焦げとうまみをこそげ、トマトペーストを加えて炒める。トマトピューレ、水1カップを加えて混ぜ、ローリエを入れ、ふたをして(c)、ときどき混ぜながら弱めの中火で20分ほど煮込む。水分が残っていたらふたを取って煮詰める。

5　スパゲッティは塩を加えた湯(湯2ℓに対して塩大さじ1・分量外)でゆではじめ、表示時間通りにタイマーをセットする。

6　5のゆで汁½カップ、残りのバターを4のミートソースに加えて温め、粉チーズを加えて混ぜる。

7　スパゲッティがゆで上がったらトングでつかみ上げて器に盛り、ミートソースをかける。オリーブオイル少々(分量外)を回しかけ、好みで粉チーズ、パセリのみじん切り(各分量外)をふる。

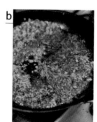
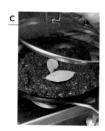

ひき肉は牛肉100%、野菜たっぷりで
クツクツ煮込んだ濃厚ソース

スパゲッティ ミートソース

昭和風に生クリームを加え、
こしょうはたっぷりめ

スパゲッティ カルボナーラ

材料 2人分

スパゲッティ (1.9mm) —— 180g
ベーコン (ブロック) —— 70g
パルメザンチーズ (ブロック) —— 40g
卵 —— 2個
卵黄 —— 2個分
生クリーム —— ¼カップ
粗びき黒こしょう —— 小さじ½
オリーブオイル —— 大さじ2
白ワイン —— 大さじ4

1 ベーコンは1cm幅の棒状に切る。パルメザンチーズはすりおろす。
2 スパゲッティは塩を加えた湯(湯2ℓに対して塩大さじ1・分量外)でゆではじめ、表示時間より1分短くタイマーをセットする。
3 ボウルに卵、卵黄、パルメザンチーズ、生クリーム、こしょうを入れ、よく混ぜ合わせる。
4 フライパンにオリーブオイルを入れて中火で熱し、ベーコンを入れて

カリカリになるまで焼き、白ワインを加えて半量になるまで煮詰め(a)、火を止める。
5 スパゲッティがゆで上がったらトングでつかみ上げて4に加え、中火で1分ほど煮からめ(b)、3の卵液を加えて火を止め(c)、よく混ぜる。
6 再びごく弱火にかけ、ゆで汁½カップを少しずつ加えて混ぜ、ほどよくなめらかになったら器に盛る。好みでさらにこしょう(分量外)をふる。

a

b

c

にんにくをじっくり炒めるのがコツ。
バターじょうゆで仕上げます

🌿 きのことベーコンの和風スパゲッティ

材料 2人分

スパゲッティ（1.6mm）——180g
しめじ、まいたけ、しいたけ
　——合わせて 200g
ベーコン——80g
にんにく——1かけ
赤唐辛子——1本

オリーブオイル——大さじ1
バター——15g
しょうゆ——小さじ2
青じそのせん切り——3〜4枚分
レモン（国産）の輪切り——2枚

1　しめじ、まいたけは食べやすいようにほぐし、しいたけは軸を取って薄切りにする。ベーコンは2cm幅に切る。にんにくはみじん切り、赤唐辛子はちぎって種を抜く。

2　スパゲッティは塩を加えた湯（湯2ℓに対して塩大さじ1・分量外）でゆではじめ、表示時間より1分短くタイマーをセットする。

3　フライパンにオリーブオイル、にんにく、赤唐辛子を入れて弱火にかけ、にんにくの香りが立ったら(a)

ベーコンを加えて炒める。

4　しめじ、まいたけ、しいたけを入れて混ぜ、ふたをし(b)、弱めの中火で3〜4分蒸し煮にする。途中1〜2度底から大きくかき混ぜる。

5　スパゲッティがゆで上がったらトングでつかみ上げて4に加える。ゆで汁大さじ3、バターを加えてからめ、フライパンの縁からしょうゆを回し入れ(c)、強火で炒め合わせる。

6　器に盛り、青じそをのせ、レモンを添える。

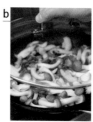
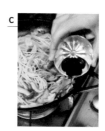

トマト水煮缶を使うから手軽。
うまみがギュッと詰まったおいしさ

❧ なすとツナのトマトソース
スパゲッティ

材料 2人分

スパゲッティ(1.9mm)──180g
なす──2個
ツナ──小1缶
にんにく──1かけ
トマト水煮缶──½缶(200g)
オリーブオイル──大さじ3
塩、粗びき黒こしょう──各適量

1 なすはヘタを取って5mm厚さの輪切りにする。ツナは油をきる。にんにくはつぶす。トマト水煮はボウルに入れてつぶす。

2 スパゲッティは塩を加えた湯(湯2ℓに対して塩大さじ1・分量外)でゆではじめ、表示時間より2分短くタイマーをセットする。

3 フライパンにオリーブオイル大さじ2、にんにくを入れて弱火にかけ、にんにくの香りが立ったらなすを入れて塩ひとつまみをふり、さっと炒める。ふたをして弱めの中火で2分ほど蒸し煮にする(a)。

4 トマト水煮とツナを加え、ときどき混ぜながらソースが半量以下になるまで煮詰める(b)。塩、こしょうで味を調える。

5 スパゲッティがゆで上がったらトングでつかみ上げて4に加え、さっと炒め合わせる。オリーブオイル大さじ1、ゆで汁¼カップを加え、ソースにとろみがつくまで強火で混ぜる。

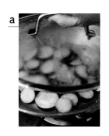

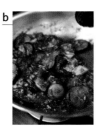

材料 2人分

マカロニ——100g
むきえび——150g
玉ねぎ——¼個
マッシュルーム——4個
にんにく——½かけ
オリーブオイル——大さじ1
塩——ひとつまみ
こしょう——適量
白ワイン——大さじ1

ピザ用チーズ——20g
パルメザン粉チーズ
——20g
ベシャメルソース
薄力粉——30g
バター——30g
牛乳——2カップ
ローリエ——1枚
塩——小さじ½

1 ベシャメルソースを作る。小鍋にバターを入れて弱火にかけ、溶けたらいったん火を止め、薄力粉を入れて泡立て器でダマが残らないようにしっかり混ぜる(a)。弱火にかけ、フツフツするまで混ぜながらさっと火を通す。

2 再び火を止め、冷たい牛乳¼カップを注ぎ入れ(b)、なめらかになるまでよく混ぜ、残りの牛乳を加えて溶きのばす。

3 ローリエを加えて弱めの中火にし、ダマができないように絶えずゴムベラで混ぜながら煮る。とろみがついて全体がぽこぽこ沸騰したら(c)、火を止めて塩を加えて混ぜ、ローリエを除く。

4 マカロニは塩を加えた湯(湯1.5ℓに対して塩小さじ2・分量外)に入れ、表示時間より1分短くゆで、ザルに上げる。えびは背ワタがあれば取り、塩ひとつまみ、片栗粉適量(各分量外)をまぶして洗い、水気をきる。玉ねぎ、マッシュルームは薄切りにし、にんにくはみじん切りにする。

5 フライパンにオリーブオイル、にんにくを入れて中火で熱し、香りが立ったらマッシュルームと玉ねぎを加え、玉ねぎが透き通るまで炒める。えびを加えてさっと炒め、塩、こしょうをふり、白ワイン、マカロニを加えて炒め合わせ、3のベシャメルソースを入れてよく混ぜる。

6 グラタン皿に薄くバター(分量外)をぬって5を盛り、ピザ用チーズ、粉チーズの順にのせる。230℃のオーブンで10〜15分、こんがりと焼く。

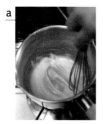
a

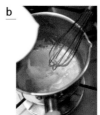
b

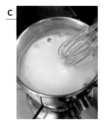
c

手作りのベシャメルソースは
やさしい味わい。人気の定番です

えびマカロニグラタン

カレーとこしょうのスパイシーな香りが
鼻をくすぐる、炒めご飯

インディアンピラフ

材料 2人分

ご飯（温かいもの）—— 300g
鶏もも肉 —— 100g
玉ねぎ —— 50g
ピーマン —— 1個
にんじん —— 3cm
にんにく —— ½かけ
カレー粉 —— 大さじ1
砂糖 —— 小さじ2
しょうゆ —— 大さじ1
塩 —— 小さじ½弱
粗びき黒こしょう —— 適量
パセリのみじん切り —— 大さじ2
卵 —— 2個
米油 —— 適量

1 鶏肉は2cm角に切る。玉ねぎ、ピーマンは粗みじん切りにし、にんじん、にんにくはみじん切りにする。

2 フライパンに米油大さじ1、にんにくを入れて中火で熱し、香りが立ったら鶏肉、玉ねぎ、にんじんを加え、強めの中火でさっと炒める。

3 鶏肉の色が変わったらカレー粉を加えてなじませ(a)、砂糖、しょうゆを加えて炒める。ご飯を加えてざっと炒め(b)、米油大さじ½、ピーマン、塩を加えて炒め合わせる。

4 こしょうをたっぷりふり、パセリを加え、フライパンに焼きつけるようにして香ばしく炒める。

5 目玉焼きを作る。別のフライパンに米油適量を入れて中火で熱し、卵を1個割り入れる。白身の縁がチリチリして半熟程度に火が通ったら、火を止めて余熱で白身に火を通す。同様にしてもう1個作る。

6 器に4を盛り、目玉焼きをのせる。

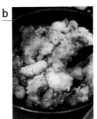

本来、ピラフは洋風炊き込みご飯のこと。
うまみを吸ったご飯がおいしい

本格シーフードピラフ

材料 2人分

米——2カップ	バター——15g
あさり——20粒	タイム——2枝
えび(無頭、殻つき)——10尾	塩——適量
玉ねぎ——¼個	こしょう——少々
アスパラガス——3本	ローリエ——1枚
オリーブオイル——大さじ1	

1　あさりは砂抜きして洗う。えびは殻
と背ワタを取り、塩と片栗粉各少々
(分量外)をからめて洗う。玉ねぎはみ
じん切りにし、アスパラガスは3～
4mm幅の小口切りにし、水にさらす。

2　鍋にオリーブオイルとバターを入
れて中火で熱し、玉ねぎとタイム、
塩少々を加え、玉ねぎがしんなりす
るまで炒める。

3　米を加え(a)、熱々になるまで炒め、
あさりとえび、塩小さじ½、こしょ
うを加える。強火にして熱湯2カッ

プを注ぎ入れ(b)、鍋底から大きく
かき混ぜ、ローリエを加えてふた
をする。

4　鍋の縁から湯気が出てきたら、ごく
弱火にして10分炊く。10秒ほど強
火にして水分を飛ばして火を止め、
水気をきったアスパラガスを加え、
塩ひとつまみをふり、ふたをして10
分ほど蒸らす(c)。

5　ローリエ、タイムを除き、さっくり
と混ぜ合わせる。

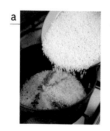

チキンライスに、
ふわとろスクランブルエッグをのせて

✿ オムライス

材料 2人分

チキンライス
　ご飯(温かいもの)——300g
　鶏もも肉——100g
　玉ねぎ——⅓個
　米油——少々
　塩、こしょう——各少々
　トマトケチャップ——大さじ4
　バター——20g
　しょうゆ——小さじ1

卵——4個
牛乳——大さじ2
バター——10g
米油——大さじ1
トマトケチャップ
　——適量

1　チキンライスを作る。鶏肉は小さめ
　の一口大に切り、玉ねぎはみじん切
　りにする。
2　フライパンに米油を入れて中火で
　熱し、鶏肉、玉ねぎを加えてさっと
　炒め、塩、こしょうをふる。
3　鶏肉と玉ねぎをフライパンの片側
　に寄せ、空いたところにトマトケチ
　ャップを加え、強めの中火でフツフ
　ツするまで熱し(a)、バターとご飯
　を加えてほぐしながら焼きつけるよ
　うにして炒め合わせる。仕上げにし
　ょうゆをフライパンの縁から回し入

れて炒める(b)。
4　半量ずつ茶碗に詰め、それぞれ器に
　上下を返して盛る。
5　卵は1人分ずつ焼く。卵2個を溶い
　て牛乳の半量を加えて混ぜる。フラ
　イパンにバターと米油の半量を入
　れて中火にかけ、バターが溶けたら
　卵液を一気に流し入れる。30秒ほど
　おいて外側から大きくかき混ぜ(c)、
　半熟になったら取り出し、4の上に
　のせる。同様にしてもう1つ作る。
　トマトケチャップをかける。

a

b
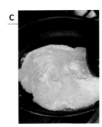
c

スパイスの香りを生かした本格派。
レモンを絞って食べるのもおすすめ

ドライカレー

材料 2人分

豚ひき肉——150g	粗びき黒こしょう——適量
玉ねぎ——½個	カレー粉——大さじ1
にんにく——1かけ	ガラムマサラ——小さじ1
香菜の茎と根——2株分	プレーンヨーグルト——大さじ2
しょうが——20g	トマトピューレ——¼カップ
オリーブオイル——大さじ1	バター——5g
クミンシード——小さじ2	グリーンピース(缶詰)——50g
ローリエ——1枚	ご飯——適量
レーズン——20g	ゆで卵——2個
塩——小さじ½	レモン——適量

1 玉ねぎ、にんにく、香菜はみじん切りにし、しょうがは粗みじん切りにする。

2 鍋にオリーブオイル、にんにく、香菜、クミンシード、ローリエを入れて弱火にかけ(a)、香りが立ったらレーズンと玉ねぎを加えて中火にし、玉ねぎが色づくまで炒める。

3 ひき肉を加えて炒め合わせ、塩とこしょうをふり、カレー粉、ガラムマサラを加えてなじませる。

4 ヨーグルト(b)、トマトピューレ、水¼カップを加えてよく混ぜ、水分がほぼなくなるまで3～4分炒め煮にする。バター、グリーンピース、しょうがを加えて混ぜ(c)、さらに2～3分煮る。

5 器にご飯とカレーを盛り、ゆで卵を輪切りにしてのせ、レモンを添える。

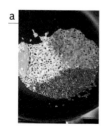
a

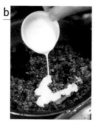
b

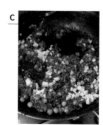
c

コクがあってクリーミー。
コボリ流ソースがおいしさの秘密

ハッシュドビーフ

材料 2人分

牛薄切り肉——180〜200g
玉ねぎ——¼個
マッシュルーム——4個
ミニトマト——3個
にんにく——½かけ
ソース
　粒マスタード——小さじ1
　はちみつ——小さじ1
　トマトペースト——小さじ1
　しょうゆ——小さじ1
　バルサミコ酢——大さじ½

バター——10g
塩——ひとつまみ
粗びき黒こしょう——少々
白ワイン——大さじ1
生クリーム——½カップ
パセリライス
　ご飯(温かいもの)——300g
　バター——10g
　パセリのみじん切り——大さじ2

1　牛肉は一口大に切る。玉ねぎは薄切りにし、マッシュルームは4つ割りにする。ミニトマトはヘタを取って半分に切り、にんにくはつぶす。ソースの材料は混ぜる(a)。

2　フライパンにバター、にんにくを入れて中火で熱し、バターが溶けはじめたら牛肉、マッシュルームを加えて強火にして焼く(b)。肉の色が変わってきたら塩、こしょうをふってさっと炒め、白ワインを加えて炒める。

3　にんにくを取り除き、玉ねぎ、ミニトマトを加えてさっと炒め、ソース、生クリームの順に加え(c)、よく混ぜて、フツフツとして少しとろみがつくまで煮る。

4　パセリライスを作る。ボウルにご飯、小さく切ったバター、パセリのみじん切りを入れ、混ぜ合わせる。

5　パセリライスを茶碗などに詰めて器に上下を返してのせ、3のハッシュドビーフを盛る。

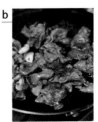
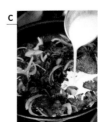

a　b　c

パセリライスに具だくさんのソースをかけて焼いた、
ライスグラタン

チキンドリア

材料 2人分

鶏もも肉 —— 150g	白ワイン —— 大さじ1
しめじ —— ½パック	ベシャメルソース(p.20 参照)
玉ねぎ —— ¼個	—— 約2カップ
トマト —— ½個	ピザ用チーズ —— 20g
バター —— 10g	パルメザン粉チーズ —— 大さじ4
塩 —— 小さじ½	パセリライス(p.31 参照) —— 全量
こしょう —— 少々	

1 鶏肉は 1.5 〜 2cm 角に切る。しめじはほぐし、長いものは半分に切る。玉ねぎは粗みじん切りにし、トマトは 1cm 角に切る。

2 フライパンにバターを入れて強めの中火で熱し、バターが溶けたら鶏肉、しめじ、玉ねぎ、トマトを加えて、トマトが煮くずれるまで炒める(a)。塩、こしょうをふり、白ワインを加えてフライパンについた焼け焦げと

うまみをこそげる。

3 ベシャメルソース、ピザ用チーズを加え(b)、チーズが溶けるまで中火で混ぜ合わせる。

4 グラタン皿に薄くバター(分量外)をぬり、パセリライスを敷きつめ、3 のソースをかける。

5 粉チーズをふり、220 〜 230℃のオーブンで 18 〜 20 分、こんがりと焼く。

ココナッツクリームとレモン果汁、
ナンプラーでアジアンテイスト

✿ ココナッツレモンクリームドリア

材料 2人分

生鮭——1切れ
帆立貝柱——4個
パプリカ(黄)——½個
玉ねぎ——¼個
ミニトマト——5個
香菜——1束
バターライス
　ご飯(温かいもの)——200g
　バター——5g
　塩——小さじ¼

ココナッツクリームソース
　ココナッツクリーム——1カップ
　レモン果汁——大さじ½
　ナンプラー——大さじ½
パプリカパウダー——小さじ2
塩——小さじ½
レモン果汁——大さじ1½
オリーブオイル——小さじ2
パルメザン粉チーズ——20g

1　鮭は3〜4つに切って骨を除き、塩少々(分量外)をふって15分ほどおき、さっと洗って水気を拭く。帆立は4つに切り、塩少々(分量外)をふってからめ、水気を拭く。

2　パプリカは3cm長さの薄切りにし、玉ねぎは薄切りにして半分の長さに切る。ミニトマトはヘタを取って4つに切る。香菜は1cm幅に刻む。

3　バターライスを作る。ボウルにご飯、小さく切ったバターと塩を入れ、混ぜ合わせる。

4　ココナッツクリームソースの材料は混ぜ合わせる。

5　グラタン皿に薄くオリーブオイル(分量外)をぬり、3を敷きつめ、玉ねぎ、パプリカ、ミニトマト、半量の香菜をのせる。鮭、帆立をのせ、半量のパプリカパウダーと塩をふり(a)、レモン果汁を回しかける。

6　残りの香菜をのせてココナッツクリームソースをかけ(b)、残りのパプリカパウダーをふる。

7　オリーブオイルを回しかけ、粉チーズをふり、200℃のオーブンで12〜15分、おいしそうな焼き色がつくまで焼く。

軽食

待ってました、
みんなの好きな
トーストとサンドイッチ 20

モッツァレラチーズで贅沢に。
オレガノとバジルの香りがアクセント

ピザトースト

材料 2人分

山型食パン（6枚切り）——2枚
ソーセージ——1本
マッシュルーム——2個
ピーマン——1個
ミニトマト——6個
モッツァレラチーズ——1個
トマトソース
　トマトペースト——大さじ1
　トマトケチャップ——大さじ1
　オレガノ（ドライ）——小さじ½

塩——少々
オリーブオイル——小さじ2
粗びき黒こしょう——適量
バジル——適量

1　ソーセージは5mm幅に切る。マッシュルームは薄切りにし、ピーマンは粗みじん切りにする。ミニトマトはヘタを取って横半分に切る。モッツァレラチーズは半分に切ってから薄切りにする。

2　トマトソースの材料は混ぜ合わせる（a）。

3　パンにトマトソースを隅々までぬり、ソーセージ、マッシュルーム、モッツァレラチーズ、ピーマン、ミニトマトの順にのせ、塩をふり、オリーブオイルを回しかける（b）。

4　オーブントースターで8〜10分、チーズが溶けるまで焼く。こしょうをふり、バジルをのせ、好みでタバスコ（分量外）をふる。

a

b

特製ソースがおいしさの決め手。
ちょっぴり懐かしい味わい

コールスローとちくわトースト

材料 2人分

食パン(6枚切り)——2枚

キャベツ——120g

ちくわ——3本

特製ソース(作りやすい分量)

　サワークリーム——大さじ2

　マヨネーズ——大さじ2

　マーマレード——大さじ1

　イエローマスタード——小さじ1

　カレー粉——小さじ2/3

　粗びき黒こしょう——少々

　レモン果汁——小さじ2/3

1　特製ソースの材料は混ぜる(a)。
2　キャベツはせん切りにし、特製ソース大さじ2を加え(b)、混ぜ合わせる。ちくわは縦半分に切る。
3　パンに2のキャベツをたっぷりとのせ、ちくわを並べ、特製ソースを小さじ2ずつかける(c)。オーブントースターで8〜10分焼く。

a

b

c

アメリカのカフェで出会ったひき肉クリームを、
パンにのせて

ひき肉クリームトースト

材料 2人分

食パン（6枚切り）—— 2枚
豚ひき肉 —— 100g
マッシュルーム —— 3個
にんにく —— ½かけ
玉ねぎのみじん切り —— 大さじ2
アーモンド（ローストしたもの）—— 15g
ローズマリーの葉 —— 1本分

オリーブオイル —— 大さじ1
バター —— 10g
赤唐辛子 —— ½本
白ワイン —— 大さじ1（あれば、または水）
生クリーム —— 1カップ
塩 —— 適量
粗びき黒こしょう —— 適量

1 マッシュルームは薄切りにし、にん
にくはつぶす。アーモンドは粗みじ
ん切りにし、ローズマリーはみじん
切りにする。

2 フライパンにオリーブオイル、バタ
ー、にんにく、赤唐辛子を入れて中
火で熱し、香りが立ったら、ひき肉、
マッシュルーム、アーモンド、玉ね
ぎを順に加えて広げ、さわらずに1
〜2分焼き、ひき肉に焼き色がつい
たら裏返してほぐす（a）。

3 塩小さじ¼、こしょう、ローズマリ
ーをふって炒め合わせ、白ワインを
加えてフライパンの底についた焼
け焦げとうまみをこそげる（b）。

4 生クリームを加え（c）、フツフツして
少しとろみがつくまで混ぜ、塩で味
を調える。

5 パンをトーストして器におき、4を
のせ、こしょうをふり、ローズマリ
ー（あれば。分量外）を添える。

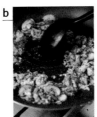
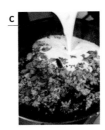

薄切りハムを山盛りのせた、
ボリューム満点のオープンサンド

大人のハムトースト

材料 2人分

食パン（6枚切り）—— 2枚
バター（室温に戻したもの）——10g
薄切りハム——100g
ホースラディッシュ——適量
オリーブオイル——少々
塩——ごく少々
粗びき黒こしょう——少々

1　パンをトーストしてバターを切って並べ(a)、薄切りハムを山盛りのせる。
2　ホースラディッシュをすりおろしてたっぷりとのせる(b)。
3　器に盛り、オリーブオイルを回しかけ(c)、塩、こしょうをふる。

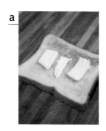
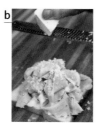

おろしたてのパルメザンチーズで香りよく。
コボリオリジナルの１品

目玉焼きのせチーズトースト

材料 2人分

山型食パン(ライ麦入り。6枚切り)──2枚
バター(室温に戻したもの)──30g
卵──2個
オリーブオイル──少々
パルメザンチーズ(ブロック)──15〜20g
塩、粗びき黒こしょう──各適量

1 食パンは縦横３本ずつ、パンの厚み
 の半分くらいまで切り込みを入れ
 (a)、半量のバターをぬる(b)。オー
 ブントースターでこんがりするま
 で焼き、残りのバターをぬる。

2 目玉焼きを作る。フライパンにオリ
 ーブオイルを入れて中火で熱し、卵
 を１個割り入れる。水少々を入れて
 ふたをし、白身に火が通ったら、火
 を止めて余熱で火を通す。同様にし
 てもう１個作る。

3 **1**を器にのせてパルメザンチーズ
 をすりおろしてのせ(c)、目玉焼きを
 のせる。塩、こしょう、さらにパル
 メザンチーズ少々をふる。

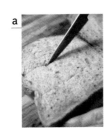
a

b

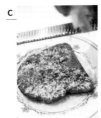
c

小腹が空いたときに食べたくなる、懐かし系の甘いパン

バターシュガートースト2種

A　バター、グラニュー糖 & ホイップクリーム
B　バター、黒糖 & きなこ

材料 各1人分

Aバター、グラニュー糖 & ホイップクリーム
食パン（4〜5枚切り）——1枚
バター——20g
グラニュー糖——大さじ½
ホイップクリーム
　生クリーム——½カップ
　グラニュー糖——大さじ½

Bバター、黒糖 & きなこ
山型食パン（黒。4〜5枚切り）
　——1枚
バター——20g
黒糖——大さじ½
きなこ——小さじ½

1　**A**を作る。バターは半分に切り、半量は室温に戻してやわらかくする。ホイップクリームの材料を泡立て器で混ぜてしっかりと泡立てる。

2　食パンに斜め格子状の切り込みを入れ、やわらかくしたバターをぬり（a）、オーブントースターでこんがり焼く。

3　器にのせ、グラニュー糖をふり（b）、残りのバターをのせてホイップク

リームを添える。

4　**B**を作る。バターは半分に切り、半量は室温に戻してやわらかくする。

5　食パンに斜め格子状の切り込みを入れ、やわらかくしたバターをぬり、オーブントースターでこんがり焼く。

6　器にのせ、黒糖、きなこの順にふり（c）、残りのバターをのせる。

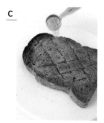

A

B

強めの火加減で手早く混ぜてやわらかく火を通すのがコツ。
温かいうちにどうぞ

❧ ふんわり卵サンド

材料 2人分

食パン（8枚切り）── 4枚
スクランブルエッグ
　卵── 4個
　塩── 少々
　バター── 20g
マヨネーズ── 大さじ1⅓
トマトケチャップ── 大さじ1
粗びき黒こしょう── 少々

1　卵は2個ずつ割りほぐし、それぞれ
　塩を加えて混ぜる。
2　スクランブルエッグを1人分ずつ
　作る。フライパンにバターの半量を
　入れて強めの中火にかけ、バターが
　溶けたら卵を入れ、大きく混ぜなが
　ら半熟状に火を通し(a)、火を止め
　る。残りも同様にする。
3　パンは2枚1組にし、片面にマヨネ

ーズをぬり、1枚だけトマトケチャ
ップもぬる(b)。
4　トマトケチャップをぬったパンに
　2の卵をのせ(c)、もう1枚のパンで
　はさむ。
5　手で軽く押さえてなじませ、耳を切
　り落として切り分ける。器に盛り、
　こしょうをふり、パセリ(あれば。分量
　外)を添える。

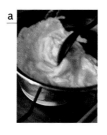

ほんのり甘いタルタル卵を、
ライ麦入りパンにたっぷりはさんで

✿ タルタル卵サンド

材料 2人分

山型食パン（ライ麦入り。6枚切り）── 4枚
タルタル卵
  卵── 4個
  マヨネーズ── 大さじ2½
  塩── 小さじ¼
  砂糖── 少々
  こしょう── 少々
マヨネーズ── 適量

1　タルタル卵を作る。卵はかたゆでにし、殻をむいてフォークで細かくつぶし(a)、マヨネーズ、塩、砂糖、こしょうを加えてよく混ぜる。

2　パンは2枚1組にし、片面にマヨネーズをぬり、1をのせて端まで広げ(b)、はさむ。

3　ラップをして落ち着かせ(c)、切り分け、ラップをはずす。

 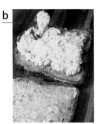 

ずっと作り続けている小堀家の甘いだし巻き卵を使った、
和風サンド

❧ だし巻き卵サンド

材料 1～2人分

食パン（8枚切り）—— 2枚
だし巻き卵
　卵 —— 3個
　だし汁（かつおと昆布）—— 90mℓ
　きび砂糖 —— 大さじ1½
　塩 —— ひとつまみ
　しょうゆ —— 小さじ1
　米油 —— 大さじ⅔～1
マヨネーズ —— 小さじ2

1　だし巻き卵を作る。ボウルに卵を割りほぐし、米油以外の材料を加えてよく混ぜる。

2　卵焼き器に米油小さじ½を入れて中火で熱し、卵液大さじ2～3を流し入れ、半熟になったら奥から手前に巻いて火を止め、余熱で火を入れる。卵を奥に寄せ、米油適量（分量外）をつけたペーパータオルで空いた部分の汚れを取りつつ薄くぬる。

3　再び中火にかけ、卵液大さじ2～3を入れ、奥の卵を持ち上げて下にも流し入れ(a)、半熟になったら手前に巻いて火を止め、余熱で火を入れる。残りも同様にして焼き、厚焼き卵にする。

4　パンは2枚1組にし、片面にマヨネーズをぬり、3をのせ(b)、はさむ。

5　ラップをして落ち着かせ(c)、パンの耳を切り落として切り分け、ラップをはずす。

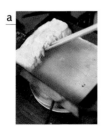  

ベーコン、スプラウト、トマトの
組み合わせが絶妙！

B.S.T. サンド

材料 2人分

山型食パン（8枚切り）——4枚
ベーコン（薄切り）——4枚
トマト——1個
玉ねぎ——20g
ブロッコリースーパースプラウト
——2パック

スライスチーズ（溶けるタイプ）——4枚
マヨネーズ——適量
粗びき黒こしょう——少々
粒マスタード——小さじ1
塩——少々

1 ベーコンは半分に切り、油をひかず
　にフライパンでカリッと焼き、ペー
　パータオルにのせて脂をきる。

2 トマトはヘタを取って6等分の輪
　切り、または半月切りにする。

3 玉ねぎはごく薄切りにし、ブロッコ
　リースーパースプラウトとともに
　ボウルに入れ、マヨネーズ大さじ2、
　こしょうを加えて混ぜる。

4 パンは2枚1組にし、1枚にスライ
　スチーズ2枚をおき（a）、オーブント

ースターでチーズが溶けるまで焼
く。何ものせていないパンもオーブ
ントースターで焼く。

5 何ものせていないパンにマヨネー
　ズ大さじ½、粒マスタード小さじ½
　をぬり、ベーコン2枚をおき、トマ
　ト3枚を並べてのせ、塩をふる。

6 3をたっぷりのせ（b）、チーズつきの
　パンではさむ。手でぎゅっと押して
　落ち着かせ（c）、楊枝を刺して切り分
　ける。

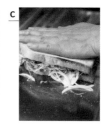

かぼちゃクリームと生ハムの取り合わせで、
新しいおいしさ

❧ かぼちゃと生ハムサンド

材料 2人分

山型食パン(ライ麦入り。6枚切り)―― 4枚
かぼちゃクリーム
　かぼちゃ ―― 正味300g
　サワークリーム ―― 50g
　生クリーム ―― ¼カップ
生ハム ―― 4〜5枚(30g)
クルミ ―― 10粒
ルッコラまたはセルバチコ ―― 適量
バター(食塩不使用。室温に戻したもの) ―― 10g
粗塩 ―― ひとつまみ

1　かぼちゃクリームを作る。かぼちゃは皮をむいて一口大に切り、耐熱容器に入れて水小さじ2(分量外)をふり、ラップをして電子レンジで2〜3分加熱してやわらかくする。または、蒸し器で10分ほど蒸す。

2　ボウルにサワークリームと生クリームを入れ、よく混ぜ合わせる(a)。

3　1のかぼちゃをフォークなどでつぶし、2と合わせ、なめらかになる

までよく混ぜる。

4　クルミはざっと刻み、ルッコラは葉を摘む。

5　パンは2枚1組にし、片面にバターをぬり、かぼちゃクリームをのせて粗塩をふり、クルミ、生ハム、ルッコラの順にのせ(b)、はさむ。

6　ラップをして落ち着かせ、好みでパンの耳を切り落とし、切り分けてラップをはずす。

クリームチーズ入り特製マカロニサラダで、
リッチな味わい

✿ マカロニサラダサンド

材料 2人分

ロールパン —— 4個
マカロニサラダ(作りやすい分量)
　マカロニ —— 80g
　ロースハム —— 2枚
　ズッキーニ —— ½本
　レモン果汁 —— 小さじ½
　クリームチーズ —— 50g
　マヨネーズ —— 大さじ4
　粗びき黒こしょう —— 適量

1　マカロニサラダを作る。マカロニは塩適量(分量外)を入れた熱湯でやわらかめにゆで、ザルに上げて水気をきる。

2　ハムは1cm四方に切る。ズッキーニは薄い半月切りにし　塩ひとつまみ(分量外)をふって手でもみ、しんなりしたら水気を絞り(a)、レモン果汁であえる。

3　クリームチーズは1cm角に切る。

4　ボウルに1、2を入れ、クリームチーズ、マヨネーズを加えて混ぜる(b)。味をみて塩またはマヨネーズ(各分量外)で調え、こしょうをたっぷりふって混ぜる(c)。

5　ロールパンは切り込みを入れ、オーブントースターで軽く温める。4をたっぷりとはさむ。

a　b　c

しょうゆと酢、黒こしょうで味つけした
コンビーフポテトが美味

❧ コンビーフポテトサンド

材料 2人分

食パン（8枚切り）—— 4枚
コンビーフポテト炒め
　コンビーフ—— 1缶
　じゃがいも—— 1個
　万能ねぎ—— 3〜4本
　しょうゆ—— 小さじ1
　酢—— 小さじ1
　塩、粗びき黒こしょう—— 各適量
　オリーブオイル—— 大さじ½
バター（室温に戻したもの）—— 20g
イエローマスタード—— 小さじ1

1　コンビーフポテト炒めを作る。じゃがいもは皮をむいてせん切りにし、水にさらしてザルに上げ、水気をきる。万能ねぎは小口切りにする。

2　フライパンにオリーブオイルを入れて強めの中火にかけ、じゃがいもを炒めて塩をふる。

3　コンビーフを加えてほぐしながら炒め(a)、しょうゆ、酢を加えてさっと炒め、こしょうをふり、万能ねぎを加えて混ぜる。

4　パンは2枚重ねてトーストし(b)、焼けていない面にバターをぬり、1枚にはマスタードもぬる。コンビーフポテト炒めをのせてはさみ(c)、手でぎゅっと押して落ち着かせ、切り分ける。器に盛り、パセリ(あれば。分量外)を添える。

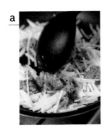

つなぎなしのパテと玉ねぎの厚切りソテーで、
味わい本格派！

平焼きハンバーグサンド

材料 2人分

食パン（6枚切り）——4枚
パテ
　合びき肉——300g
　塩——小さじ½弱
　ナツメグ——小さじ¼
　粗びき黒こしょう——適量
　オリーブオイル——少々
玉ねぎ
　——1cm厚さの輪切り2枚
塩——少々

スライスチーズ——2枚
トマト——1cm厚さの輪切り2枚
サラダ菜など好みの葉野菜——6枚
ソース
　トマトケチャップ——大さじ3
　粒マスタード——小さじ1
　ウスターソース——小さじ¼
マヨネーズ——小さじ4
イエローマスタード——少々

1　パテを作る。ボウルにオリーブオイル以外の材料を入れてゴムベラでしっかり練るように混ぜる。等分にして形を整える。

2　フライパンにオリーブオイルを入れて強火で熱し、1を入れて2分ほど焼く。フライパンの空いているスペースに玉ねぎを入れて塩をふり、一緒に焼く（a）。焼き色がついたら裏返し、さらに2分ほど焼く。

3　ソースの材料は混ぜ合わせる。

4　パンはトーストし、2枚1組にする。片面にマヨネーズとマスタードをぬり、パテ、ソースをおき（b）、チーズ、トマト、玉ねぎ、サラダ菜の順にのせてはさむ（c）。手でギュッと押して落ち着かせ、楊枝を刺して切り分ける。

a

b

c

ちょっと贅沢にハムは厚切り。
シャキシャキきゅうりといいコンビ

❀厚切りハムカツサンド

材料 2人分

食パン（6枚切り）──4枚
ハム（ブロック）
　──2cm厚さのもの2枚
バッター液
　卵──1個
　薄力粉──大さじ4
　水──大さじ½
パン粉──適量
揚げ油──適量

きゅうりのごまあえ
　きゅうり──2本
　塩──小さじ⅓
　酢──大さじ1
　砂糖──小さじ1½
　白すりごま──大さじ2
バター（室温に戻したもの）──20g
練り辛子──小さじ2
とんかつソース──適量

1　きゅうりのごまあえを作る。きゅうりは塩少々（分量外）で表面をこすって洗い、ピーラーで縞目に皮をむき、縦半分に切って種をスプーンでこそげ取る(a)。斜め薄切りにし、塩をふって手でもみ、5分ほどおいて水気を絞る。ボウルに入れ、酢、砂糖、ごまを加えてあえる。

2　ボウルに卵を割りほぐし、薄力粉、水を加えてよく混ぜてバッター液を作る。ハムをバッター液にくぐらせ(b)、パン粉をまぶしつけ、中温の揚げ油できつね色になるまで上下を返しながら揚げる。

3　パンは2枚重ねてトーストし、焼けていない面にバターと練り辛子をぬり、ハムカツをおいてとんかつソースをかける。水気を絞ったきゅうりのごまあえをのせて(c)、はさむ。手でぎゅっと押して落ち着かせ、切り分ける。

a
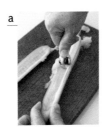

b

c
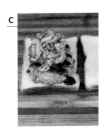

カレー風味のソースが味の決め手。カリッと焼いたパンがよく合います

🍤 えびフライサンド

材料 2人分

食パン（6枚切り）—— 4枚
えび（無頭、殻つき）—— 6尾
バッター液
　卵—— 1個
　薄力粉—— 大さじ4
　水—— 大さじ½
パン粉—— 適量
揚げ油—— 適量

レタス—— 2〜3枚
レモン果汁—— 少々
塩、粗びき黒こしょう—— 各適量
カレー風味ソース
　トマトケチャップ—— 大さじ3
　カレー粉—— 小さじ1
　ウスターソース—— 小さじ¼

1　えびは殻を取り、背に浅く切り込みを入れて背ワタを除き、塩、片栗粉各少々（各分量外）をふって手で軽くもみ、水で洗って水気を拭く。腹側に包丁で4〜5本切り目を入れ(a)、尾の先を少し切り落とし、尾の部分を包丁でしごいて中に溜まっている水分を取り除く。塩、こしょう各少々をふる。

2　ボウルに卵を割りほぐし、薄力粉、水を加えてよく混ぜてバッター液を作る。えびをバッター液にくぐらせ、パン粉をまぶしつけ、中温の揚げ油できつね色になるまで2〜3分揚げる。

3　レタスは水に放してシャキッとさせ、水気を拭いてせん切りにする。

4　カレー風味ソースの材料は混ぜ合わせる(b)。

5　パンは2枚重ねてトーストし、焼けていない面に4のソースをぬり、レタスを敷き、塩少々、レモン果汁をふる。えびフライを並べ(c)、塩、こしょう各少々をふり、はさむ。ラップをして落ち着かせ、切り分けてラップをはずす。

a

b

c

サクッとした食パンと、ツナ、とろけたチーズが特徴の、
アメリカンサンド

ツナメルトホットサンド

材料 2人分

食パン（5枚切り）——4枚
ツナマヨ
  ツナ缶——1缶
  玉ねぎのみじん切り——大さじ3
  マヨネーズ——大さじ2
  塩——ひとつまみ
  粗びき黒こしょう——少々

イエローマスタード——大さじ1
マヨネーズ——大さじ1
スライスチーズ（溶けるタイプ）——2枚
粗びき黒こしょう——適量
バター（室温に戻したもの）——20g

1 ツナマヨの材料は混ぜ合わせる。
2 パンは2枚1組にし、1枚の片面に
  マスタードをぬり、もう1枚の片面
  にマヨネーズをぬる。
3 マスタードをぬったパンにスライ
  スチーズをおいて1をのせ、こしょ
  うをふり、もう1枚のパンではさむ
  (a)。
4 両面にバターを等分にぬる(b)。

5 1組ずつ焼く。フライパンを弱めの
  中火で熱し、パンを入れる。フライ
  返しで押しつけながら焼きつけ、焼
  き色がつくまで2〜3分焼く。
6 上下を返し、フライ返しで押しつけ
  ながら焼き色がつくまで焼く(c)。同
  様にしてもう1組焼き、切り分け
  る。

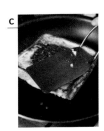

ピクルス入りのピーマンソースで、
フレッシュ感をプラス

❧ コボリ風ホットドッグ

材料 2人分

ドッグパン──2本
ソーセージ(長いもの)──2本
グリーンカール──適量
オリーブオイル──少々
イエローマスタード
　──小さじ1〜1½
マヨネーズ──小さじ1½

ピーマンソース(作りやすい分量)
　ピーマン──1個
　きゅうりのピクルス──4本
　玉ねぎのみじん切り──大さじ2
　塩──小さじ¼
　レモン果汁──小さじ1
　オリーブオイル──小さじ1
　粗びき黒こしょう──少々
　トマトケチャップ──適量
　ポテトチップス──適量

1　ピーマンソースを作る。ピーマンはヘタと種を除いてみじん切りにし、ピクルスもみじん切りにする。ボウルに入れ、残りの材料を加えて(a)、混ぜ合わせる。

2　ソーセージはオリーブオイルをひいたフライパンまたはグリルで焼く。グリーンカールは冷水に放してシャキッとさせ、水気を拭く。

3　パンはソーセージがはさめるように包丁で切り込みを入れ、オーブントースターで軽く温める。

4　マスタードとマヨネーズを混ぜ合わせてパンの切り口にぬり(b)、グリーンカール、ソーセージの順にはさむ。トマトケチャップを絞り出し、ピーマンソースをかける(c)。器に盛り、ポテトチップスを添える。

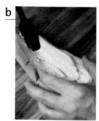
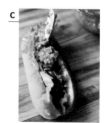

ささ身に下味をつけるのがおいしさのコツ。和風のタルタルで味わいます

🌿 ささ身フライドッグ

材料 2人分

ドッグパン——2本
鶏ささ身——4本
鶏ささ身の下味
 卵——1個
 塩——小さじ⅓
 砂糖——小さじ1
 酒——小さじ1
 粗びき黒こしょう——少々
 米油——小さじ1
 片栗粉——大さじ2

パン粉——適量
揚げ油——適量
らっきょうタルタル(作りやすい分量)
 ゆで卵——2個
 らっきょうの甘酢漬け——5～6粒
 マヨネーズ——大さじ2
 レモン果汁——小さじ1
 塩、粗びき黒こしょう——各少々
イエローマスタード——少々
青じそ——10枚

1 らっきょうタルタルを作る。ゆで卵は殻をむいてボウルに入れ、フォークで粗くつぶす。らっきょうを粗みじん切りにして加え(a)、マヨネーズ、レモン果汁、塩、こしょうを入れて混ぜ合わせる。

2 ボウルに片栗粉以外の下味の材料を入れてよく混ぜ合わせる。

3 ささ身は筋があれば取り除いてバットに並べ、2を加える。片栗粉をふり入れてささ身にからめ(b)、15分ほどおいて下味をつける。

4 ささ身に下味を再度からめてから汁気をきり、パン粉を全体にまぶしつける(c)。中温の揚げ油に入れ、きつね色になるまで2～3分揚げる。

5 パンは包丁で切り込みを入れ、オーブントースターで軽く温める。マスタードをパンの切り口にぬり、青じそを敷いてささ身フライをはさみ、らっきょうタルタルをのせる。

a

b

c

スペシャルモーニング

アメリカンなおいしさを
コボリ流に食べやすく
アレンジします

牛乳、ヨーグルト、レモン果汁を混ぜると、ふわもち食感の生地に

❀ ブルーベリーパンケーキ

材料 2人分

パンケーキ生地(5〜6枚分)
卵——1個
グラニュー糖——20g
牛乳——½カップ
プレーンヨーグルト——½カップ
レモン果汁——大さじ½
薄力粉——120g
ベーキングパウダー——小さじ1
ベーキングソーダ——小さじ¼
塩——ひとつまみ
バター——20g

ブルーベリー——70〜80g
米油——適量
バター——適量
メープルシロップ——適量
目玉焼き——2個
カリカリベーコン——4枚
塩、こしょう——各少々

下準備
◎パンケーキ生地に入れるバターは
　小鍋などに入れ、湯せんにかけて溶かし、
　粗熱を取る。

1　パンケーキ生地を作る。牛乳とヨーグルトを合わせ、レモン果汁を加え(a)、混ぜないでそのまま10分おく。

2　ボウルに卵とグラニュー糖を入れて泡立て器でよく混ぜ、1を加えてさらに混ぜる。薄力粉、ベーキングパウダー、ベーキングソーダ、塩を合わせてふるい入れる。さっくりと混ぜ合わせ、溶かしたバターを加えて混ぜ、5〜10分休ませる。

3　焼く直前に、飾り用に少し残してブルーベリーを加え、ざっと混ぜる。

4　フライパンを中火で熱し、米油を入れてペーパータオルでさっとのばす。温まったフライパンの底を一度ぬれ布巾の上に当ててから、3の生地適量を流し入れて直径12cmくらいに広げ、弱火で焼く。

5　生地の表面が少し乾いてフツフツ穴があいてきたら(b)、裏返して1〜2分焼く。残りも同様にして焼く。

6　器に盛り、バターをのせ、残しておいたブルーベリーを散らし、メープルシロップをかける。目玉焼き、カリカリベーコンを添え、目玉焼きに塩、こしょうをふる。

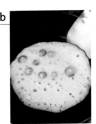

材料 2人分

マカロニ——100g

パンケーキ生地

卵——1個

グラニュー糖——20g

牛乳——½カップ

プレーンヨーグルト——½カップ

レモン果汁——大さじ½

薄力粉——120g

ベーキングパウダー——小さじ1

ベーキングソーダ——小さじ¼

塩——小さじ¼

バター——20g

ピザ用チーズ（シュレッド）——100g

米油——適量

バター——適量

メープルシロップ——適量

ソーセージソテー——4本

ルッコラまたはセルバチコ——適量

塩、こしょう——各少々

下準備

◎パンケーキ生地に入れるバターは
小鍋などに入れ、
湯せんにかけて溶かし、
粗熱を取る。

1 マカロニはP20を参照して表示時間より1分ほど短めにゆで、ザルに上げてゆで汁をきる。

2 パンケーキ生地を作る。牛乳とヨーグルトを合わせ、レモン果汁を加え、混ぜないでそのまま10分おく。

3 ボウルに卵とグラニュー糖を入れて泡立て器でよく混ぜ、2を加えてさらに混ぜる。薄力粉、ベーキングパウダー、ベーキングソーダ、塩を合わせてふるい入れ、さっくりと混ぜる。

4 マカロニとチーズを加えてさっと混ぜ合わせ(a)、溶かしたバターを加えて混ぜ、5〜10分休ませる。

5 フライパンを中火で熱し、米油を入れてペーパータオルでさっとのばす。温まったフライパンの底を一度ぬれ布巾の上に当ててから、4の生地の¼量を流し入れ、弱火で焼く。

6 生地の表面が少し乾いてフツフツ穴があいてきたら(b)、裏返して1〜2分焼く。残りも同様にして焼く。

7 器に盛ってバターをのせ、ソーセージソテー、ルッコラをつけ合わせる。メープルシロップ、塩、こしょうを添える。

チーズの塩気とパンケーキの甘さが絶妙。
ハワイで食べた味を再現

マカロニチーズパンケーキ

果汁と皮のダブル使いで、
爽やかなオレンジの香りがふわっと広がります

❧ オレンジ風味のフレンチトースト

材料 2人分

食パン（6枚切り）—— 2枚
卵 —— 1個
牛乳 —— ¼カップ
きび砂糖 —— 大さじ½
オレンジ果汁 —— ¼カップ
バター —— 20g
粉糖 —— 少々
オレンジの皮のすりおろし —— 少々
ゆでブロッコリー —— 適量

1 ボウルに卵、牛乳、きび砂糖を入れて泡立て器で混ぜ、オレンジ果汁を加え(a)、混ぜ合わせる。

2 バットにパンを入れ、1の卵液を加え(b)、卵液がパンにしみ込むまで15分以上おく。途中上下を返す。

3 パンは1枚ずつ焼く。フライパンに半量のバターを入れて中火で熱し、バターが溶けて色づきはじめたら、2のパンを入れ、弱めの中火で2分ほど焼く。

4 裏返してふたをし(c)、弱火で1分30秒～2分焼いてふっくら香ばしく仕上げる。もう1枚も同様に焼く。

5 半分に切って器に盛り、ブロッコリーを添え、フレンチトーストには粉糖とオレンジの皮のすりおろしをふる。好みでメープルシロップ適量（分量外）をかける。

a

b

c
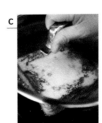

材料 2人分

アボカド──1個
卵──2個
ミニトマト──4個
スパイスナッツ(作りやすい分量)
　ミックスナッツ、ピスタチオ
　　(おつまみ用)──合わせて50g
　白炒りごま──大さじ1
　クミンシード──大さじ½
　コリアンダーシード──大さじ½
　オレガノ(ドライ)──小さじ½
　塩──小さじ½
　粗びき黒こしょう──適量

パン・ド・カンパーニュ
　──2cm厚さ2枚
レモン果汁──小さじ1
塩、粗びき黒こしょう──各適量
オリーブオイル──大さじ1〜1½

1　スパイスナッツを作る。フライパンにミックスナッツ、ピスタチオ、ごま、クミンシード、コリアンダーシードを入れて焦げないように乾炒りし、フードプロセッサーで細かく砕く。ボウルに移し、オレガノ、塩、こしょうを加えて混ぜる。瓶などに入れておく(a)。

2　ポーチドエッグを1個ずつ作る。卵を小さな容器に割り入れる。鍋に湯を沸かし、酢大さじ1(分量外)を加えて弱火にし、卵をそっと入れる。白身がかたまったら網じゃくしですくい上げ、氷水に入れて冷まし(b)、

ペーパータオルの上にのせて水気を拭く。もう1個も同様にして作る。

3　パンは軽くトーストする。ミニトマトはヘタを取って横半分に切る。

4　アボカドは縦に1周切り込みを入れ、皮と種を取り除く。パンの上に½個ずつのせ、フォークでつぶしてペースト状にする(c)。

5　レモン果汁と塩をふり、スパイスナッツを全体にのせ、オリーブオイルをかける。ポーチドエッグとミニトマトをのせて器に盛り、塩、こしょうをふる。スパイスナッツを添える。

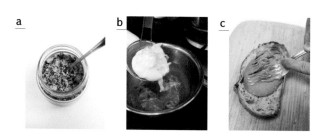

a　　　　b　　　　c

栄養バランス OK。朝食におすすめのワンプレート

アボカドナッツトースト

81

アメリカではトーストサンドの定番。
クセになるおいしさです

❧ ピーナッツバターと
ベーコンバナナサンド

材料 2人分

ベーグル——2個
ベーコン——4枚
ピーナッツバター(好みのもの)——大さじ3
はちみつ——大さじ2
バナナ——1本

1　ベーグルは横半分に切り、軽くトーストする。
2　ベーコンは半分に切り、油をひかずにフライパンでカリッと焼き、ペーパータオルにのせて脂をきる(a)。
3　下になるベーグルの切り口にピーナッツバターをぬり、はちみつを回しかける(b)。
4　バナナを16等分の厚さに切り、切り口を上にしてのせ(c)、ベーコンをのせ、サンドする。

喫茶メニュー

「なにか甘いものが食べたいな」
「プリンかケーキか迷うよね」
３時のおやつが楽しみになるのが、
喫茶室の喫茶メニュー。
コボリ喫茶室には、なんとプリンが３種類、
さらに定番のパフェやホットケーキ、
軽い食べ心地のケーキや焼き菓子など、
盛りだくさん。
店主の十八番であるスコーンサンド、
特製ドリンクも紹介。
昭和の時代から長く愛されてきたお菓子を
自宅でおいしく作れたら、ちょっと自慢です。

おすすめデザート

ひんやり冷たいデザートは
作りおき OK。
リクエストの多いメニューばかり

卵の味が際立つように卵黄の配合は多め。
作り続けてきた味です

特製プリン

材料 100㎖容量のプリン型5個分

卵 —— 2個

卵黄 —— 2個分

グラニュー糖 —— 60g

牛乳 —— 1½カップ

バニラエッセンス —— 少々

カラメルソース

　グラニュー糖 —— 40g

　水 —— 大さじ1½

ホイップクリーム（p.91参照）

　—— 適量

さくらんぼ（缶詰）—— 5粒

下準備

◎型にバター（食塩不使用。分量外）を
　薄くぬる。

◎オーブンは160℃に予熱する。

1　カラメルソースを作る。小鍋にグラニュー糖と水を入れて中火で熱し、沸騰して縁が色づきはじめたら、鍋をゆすりながら濃いカラメル色にする。火を止めてすぐに型に等分に流し入れ⒜、そのまま冷ましてかためる。

2　ボウルに卵と卵黄を入れて泡立て器で溶きほぐし、グラニュー糖を加えてすり混ぜる。

3　牛乳を鍋に入れて温めて2に加え、よく混ぜてグラニュー糖を溶かし、バニラエッセンスを加えて濾す。

4　カラメルソースの入った型をバットに並べ、3の卵液を流し入れる。

5　バットごと天板にのせ、型の⅓〜½の高さまで湯を張り⒝、160℃のオーブンで15〜18分湯せん焼きにする。ゆすったときに真ん中がほんの少しゆれるくらいでオーブンから出し、余熱でさらにかためる。

6　粗熱が取れたら、冷蔵庫で3時間以上冷やす。

7　プリンの縁を指で軽く押し、底をさっと湯につけて器の上にひっくり返してふり、型からはずす。ホイップクリームを星口金をつけた絞り袋に入れて絞り出し、さくらんぼをのせる。

材料 200㎖容量の耐熱カップ4個分

卵——3個
グラニュー糖——60g
インスタントコーヒー——大さじ3
牛乳——1½カップ
ラム酒——大さじ1
カラメルソース
　グラニュー糖——40g
　水——大さじ2

下準備
◎耐熱カップにバター（食塩不使用。分量
　外）を薄くぬる。
◎オーブンは150℃に予熱する。

1　カラメルソースを作る。小鍋にグラ
　ニュー糖と水大さじ1を入れて中
　火で熱し、溶けはじめたら鍋をゆす
　って全体を溶かし、沸騰して色が全
　体についたら火を止めて水大さじ
　1を加え、鍋をゆすりながらよく溶
　かす。
2　ボウルに卵を割り入れて泡立て器
　で溶きほぐし、グラニュー糖を加え
　てすり混ぜる。
3　鍋に牛乳とインスタントコーヒー
　を入れて中火で熱し（a）、混ぜながら

温める。2に加え、よく混ぜてグラ
ニュー糖を溶かし、ラム酒を加え
（b）、濾す。
4　耐熱カップをバットにのせ、3の卵
　液を流し入れる（c）。
5　バットごと天板にのせ、耐熱カップ
　の⅓〜½の高さまで湯を張り、150
　℃のオーブンで15〜18分湯せん焼
　きにする。
6　粗熱が取れたら、冷蔵庫で3時間以
　上冷やす。食べるときにカラメルソ
　ースをかける。

a

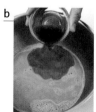
b

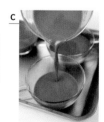
c

コーヒーとラム酒が香る大人のプリン。
カラメルソースは苦めがおすすめ

🌸 コーヒープリン

スパイス入りの紅茶「チャイ」をプリンに仕立てた人気のメニュー

❧ チャイプリン

材料 180mℓ容量の耐熱カップ4個分

卵——3個
きび砂糖——60g
チャイ
　牛乳——1½カップ
　水——½カップ
　紅茶の茶葉（アッサム）——15g
　カルダモン——5粒
　黒粒こしょう——6粒
　シナモンスティック——⅓本
　クローブ——3粒
　しょうがの薄切り——3枚

ホイップクリーム
　生クリーム（乳脂肪分45%）
　　——½カップ
　グラニュー糖——大さじ½
シナモンパウダー——適量

下準備
◎耐熱カップにバター（食塩不使用。
　分量外）を薄くぬる。
◎オーブンは150℃に予熱する。
◎チャイに使うスパイスは
　そろえておく（a）。

1　チャイを作る。鍋に牛乳以外の材料を入れて中火で熱し、煮立ったら牛乳を加えて沸騰直前まで温め、火を止めてふたをして5分ほど蒸らす。

2　濾しながら別の容器に移し、スプーンでギュッと押して汁気を絞る（b）。

3　ボウルに卵を割り入れて泡立て器で溶きほぐし、きび砂糖を加えてすり混ぜ、2を加えて混ぜ合わせ、耐熱カップに流し入れる。

4　バットに並べて天板にのせ、耐熱カップの⅓〜½の高さまで湯を張り、150℃のオーブンで20〜25分湯せん焼きにする。

5　粗熱が取れたら、冷蔵庫で3時間以上冷やす。

6　ホイップクリームを作る。ボウルに生クリームとグラニュー糖を入れ、ボウルの底を氷水に当てながらハンドミキサーでしっかり泡立てる。

7　食べるときにホイップクリームをのせ、シナモンパウダーをふる。

甘みを加えてゼリーを仕上げ、
コーヒーホイップで楽しみます

コーヒーゼリー

材料 200㎖容量のグラス 3 個分

コーヒー豆(好みのもの) ── 60g

粉ゼラチン ── 12g

グラニュー糖 ── 30g

コーヒーホイップ

　生クリーム(乳脂肪分 45%) ── 1 カップ

　グラニュー糖 ── 大さじ 2

　インスタントコーヒー ── 大さじ½

下準備

◎粉ゼラチンは水大さじ 4 に入れてふやかす。

1　コーヒー豆はひき、湯 3 カップを使って濃いめのコーヒーを淹れ、2½カップ用意する。

2　淹れたてのコーヒーを別の容器に移し、ゼラチンを加えて泡立て器などでよく混ぜて溶かし(a)、グラニュー糖を加えて混ぜ、溶かす。

3　容器の底を氷水に当てて混ぜながら冷まし(b)、グラスに流し入れ、冷蔵庫で冷やしかためる。

4　コーヒーホイップを作る。ボウルに生クリーム、グラニュー糖、湯小さじ 1 で溶いたインスタントコーヒーを入れ、ボウルの底を氷水に当てながらハンドミキサーで角がしっかり立つまで泡立てる(c)。

5　食べるときに、ホイップクリームを丸口金をつけた絞り袋に入れて絞り出す。

泡立てた生クリームを加えることで、
ふんわりとした食感が生まれます

✿ いちごのババロア

材料 90㎖容量のゼリー型4個分

いちご―― 150g
レモン果汁―― 小さじ½
グラニュー糖―― 50g
粉ゼラチン―― 5g
生クリーム（乳脂肪分45%）―― ½カップ

下準備
◎粉ゼラチンは水大さじ1½に入れてふやかす。

1　いちごはヘタを取ってフードプロセッサーまたはミキサーに入れ、レモン果汁を加えて攪拌し、ピュレにする（a）。

2　鍋に水大さじ2とグラニュー糖を入れて混ぜながら中火で熱し、グラニュー糖が溶けたら、ゼラチンを加えて溶かしながら混ぜる。

3　1をボウルに移し、2を加えてよく混ぜ合わせ（b）、ボウルの底を氷水に当てながら冷やす。

4　生クリームを別のボウルに入れ、角が立って垂れるくらいまで泡立て器で泡立てる。3に加えてムラのないように混ぜ合わせる（c）。

5　型の内側を水でぬらし、4を流し入れ、冷蔵庫で4時間以上冷やしかためる。

6　5の型の底を熱湯にさっとつけ、ババロアをひっくり返して器に取り出し、半分に切ったいちご（分量外）を飾る。

フレッシュないちごソース、マスカルポーネクリームが
おいしさの秘密

✿ いちごパフェ

材料 2人分

いちごソース(作りやすい分量)
　いちご——120g
　グラニュー糖——大さじ1
マスカルポーネクリーム
　マスカルポーネチーズ——100g
　生クリーム(乳脂肪分45%)
　　——½カップ
　グラニュー糖——20g

いちご——適量
コーンフレーク——30g
プレーンヨーグルト
　——大さじ2
バニラアイスクリーム——適量

1　いちごソースを作る。いちごはヘタを取ってフードプロセッサーまたはミキサーに入れ、グラニュー糖を加えて攪拌し、ピュレにする(a)。

2　マスカルポーネクリームを作る。ボウルに材料を入れ、泡立て器でしっかりと泡立てる。

3　いちごはヘタを取って半割りにする。

4　グラスに1のいちごソース適量を入れ、コーンフレーク、いちご適量、ヨーグルトを入れる(b)。

5　マスカルポーネクリームを星口金をつけた絞り袋に入れて適量を絞り出し(c)、アイスクリームをのせ、アイスクリームの周囲にいちご適量を飾る。

6　残りのマスカルポーネクリームを絞り出し、いちごソース適量をかける。

サワークリーム入りホイップと市販品を
上手に組み合わせて

チョコバナナサンデー

材料 1人分

バナナ —— 1本
バームクーヘン(チョコ味) —— 1切れ
チョコレートソース(市販) —— 適量
バニラアイスクリーム —— 適量
チョコレートアイスクリーム —— 適量

サワークリーム入りホイップ
　生クリーム(乳脂肪分45%) —— ½カップ
　サワークリーム —— 20g
　グラニュー糖 —— 10g
ウエハース(好みのもの) —— 2枚
さくらんぼ(缶詰) —— 1粒

1　バームクーヘンは食べやすい大きさに切る。
2　サワークリーム入りホイップを作る。ボウルに材料を入れ、泡立て器でしっかりと泡立てる。
3　器にチョコレートソースを絞り出し(a)、バームクーヘンをのせ、サワークリーム入りホイップを星口金をつけた絞り袋に入れて適量絞り出す(b)。

4　バニラアイスクリーム、チョコレートアイスクリームを並べてのせ、バナナを縦半分に切ってアイスクリームをはさむように盛りつける(c)。
5　アイスクリームの上、左右など、器の空いたスペースにサワークリーム入りホイップ適量を絞り出し、ウエハースを差し、チョコレートソースをかけ、さくらんぼをのせる。

a

b

c

甘栗で作るから、
いつでも好きなときに食べられるのが魅力

❧ マロンシャンテリー

材料 2人分

マロンクリーム
　むき甘栗——150g
　牛乳——¼カップ
　きび砂糖——15g
　生クリーム（乳脂肪分45%）——大さじ2
練乳入りクリーム
　生クリーム（乳脂肪分45%）——1カップ
　練乳——大さじ1
　グラニュー糖——大さじ1

---

1 マロンクリームを作る。甘栗は仕上げ用に2個取りおき、鍋に入れ、牛乳、きび砂糖を入れて中火で熱して煮立て(a)、火からおろして冷ます。

2 フードプロセッサーまたはミキサーに移し、生クリームを加え、なめらかになるまで攪拌する。ボウルなどに入れて冷蔵庫で1時間以上冷やす。

3 練乳入りクリームを作る。ボウルに材料を入れ、角が立って垂れるくらいまで泡立て器で泡立てる。

4 器にマロンクリームを盛り(b)、練乳入りクリームをのせ、取っておいた甘栗をすりおろしてかける(c)。

a

b

c

バターの代わりに米油を使うと軽い食べ心地。
きび砂糖で風味をつけます

⚘ ホットケーキ

材料 6枚分

生地
　薄力粉――200 g
　ベーキングパウダー――小さじ2
　きび砂糖――60 g
　卵――2個
　牛乳――120mℓ
　米油――小さじ2

米油――適量
バター――適量
メープルシロップ――適量

下準備
◎ボウルに卵、牛乳を入れて泡立て器で
　混ぜ合わせ、冷蔵庫で冷やす。

1　生地を作る。ボウルに薄力粉、ベー
　キングパウダー、きび砂糖をふるい
　入れ、泡立て器で混ぜる。

2　混ぜておいた卵と牛乳を加え、粉気
　がなくなるまで混ぜ、米油を加えて
　混ぜる(a)。10分ほど休ませる。

3　フライパンに米油を入れてペーパ
　ータオルなどで薄くのばし、強めの
　中火で熱し、温まったフライパンの

底をぬれ布巾の上に当て、生地の⅙
量を流し入れる(b)。

4　弱めの中火で熱し、生地の表面が少
　し乾いてフツフツ穴があいてきた
　ら(c)、ひっくり返して弱火で2分ほ
　ど焼き、中まで火を通す。同様にし
　て残りの生地も焼く。

5　器に数枚ずつ重ねて盛り、バターを
　のせ、メープルシロップをかける。

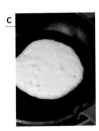

a　b　c

材料 4個分

薄力粉——85g
全粒粉——15g
ベーキングパウダー——小さじ1½
きび砂糖——25g
パルメザンチーズ(ブロック)——10g
オレガノ(乾燥)——小さじ2
生クリーム(乳脂肪分45%)——½カップ
プレーンヨーグルト——大さじ1
クルミ——30g

チーズクリーム
  クリームチーズ——100g
  はちみつ——20g

下準備
◎パルメザンチーズはすりおろす。
◎生クリームとヨーグルトは混ぜて
　冷蔵庫で冷やす。
◎クルミは粗く刻む。

1　ボウルに薄力粉、全粒粉、ベーキングパウダー、きび砂糖、パルメザンチーズ、オレガノを入れ、泡立て器やフォークで均一になるように混ぜる。

2　混ぜておいた生クリームとヨーグルトを2回に分けて加え、その都度スケッパーで切るようにさっくりと混ぜ(a)、大きなそぼろ状にし、クルミを加えて混ぜる(b)。

3　手で軽く押さえてスケッパーで半分に切り、生地を下からすくい上げて重ね、軽く押さえる。これを数回繰り返してひとつにまとめる。

4　ざっと形を整えてラップで包み、冷蔵庫で1時間以上休ませる。その間にオーブンを190℃に予熱する。

5　チーズクリームを作る。クリームチーズを耐熱容器に入れ、電子レンジで1分ほど加熱してやわらかくし、はちみつを加えてよく混ぜ、冷蔵庫で冷やす。

6　4の生地を3cm厚さにのばし、丸く形を整え、4つ割りにする(c)。刷毛で表面に薄く牛乳(分量外)をぬる。190℃のオーブンで20分ほど、表面に焼き色がつくまで焼く。網にのせて粗熱を取る。

7　厚みを半分に切り、チーズクリームをはさむ。

a

b

c

クルミとハーブのスコーンで、みんなの好きなサンドイッチを！

チーズクリームのスコーンサンド

ココア味のスコーンと
粒あん、バターの取り合わせが絶妙

❦ あんバターのスコーンサンド

材料 4個分

薄力粉――100g
ココアパウダー(無糖)――15g
ベーキングパウダー――小さじ 1½
グラニュー糖――15g
塩――ひとつまみ
生クリーム(乳脂肪分45%)――½カップ
プレーンヨーグルト――大さじ1

粒あん(市販)――大さじ4〜5
バター――40〜50g

下準備
◎生クリームとヨーグルトは
混ぜて冷蔵庫で冷やす。

1　ボウルに薄力粉、ココアパウダーを入れ(a)、ベーキングパウダー、グラニュー糖、塩を加え、泡立て器やフォークで均一になるように混ぜる。

2　混ぜておいた生クリームとヨーグルトを2回に分けて加え、その都度スケッパーで切るようにさっくりと混ぜ、大きなそぼろ状にする。

3　手で軽く押さえてスケッパーで半分に切り、生地を下からすくい上げて重ね、軽く押さえる。これを数回繰り返してひとつにまとめる。

4　ざっと形を整えてラップで包み、冷蔵庫で1時間以上休ませる。その間にオーブンを190℃に予熱する。

5　4の生地を3cm厚さにのばし、四角く形を整え、4つ割りにする。刷毛で表面に薄く牛乳(分量外)をぬる(b)。190℃のオーブンで20分ほど、表面に焼き色がつくまで焼く。網にのせて粗熱を取る。

6　厚みを半分に切り、粒あんをのせ、バターを薄切りにしてのせてはさむ。

ケーキset

型を使わないお菓子だから
思い立ったら
すぐに作れるものばかり

土台なしだからお手軽。
フルーツソースを添えて食べます

❧ レアチーズケーキ

材料 20.5 × 16cmのバット 1 台分

クリームチーズ——200g
グラニュー糖——60g
牛乳——½カップ
粉ゼラチン——10g
プレーンヨーグルト——150g
フルーツソース
　好みのジャム(ブルーベリー、ラズベリー、いちごなど)——50g
　レモン果汁——小さじ 1 〜 1 ½

下準備
◎クリームチーズは室温に戻す。
◎粉ゼラチンは水大さじ 3 に入れてふやかす。
◎バットにクッキングシートを敷く。

1　ボウルにクリームチーズを入れ、グ
　　ラニュー糖を加えてハンドミキサー
　　で混ぜる(a)。
2　小鍋に牛乳を入れて中火で熱し、湯
　　気が上がってきたら、ふやかしたゼ
　　ラチンを加えて火からおろし、混ぜ
　　ながらよく溶かす(b)。
3　2 を 1 に加えてしっかり混ぜ合わ
せ、ヨーグルトを加えてよく混ぜる
(c)。
4　バットに流し入れてならし、冷蔵庫
　　で半日以上おいて冷やしかためる。
5　好きな大きさに切り分けて器に盛り、
　　フルーツソースの材料をよく混ぜて
　　添える。

a

b

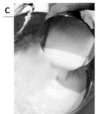
c

材料 20.5 × 16cmのバット 1 台分

クリームチーズ——200g

グラニュー糖——65g

卵——2 個

生クリーム(乳脂肪分 45%)——½カップ

薄力粉——10g

レモン果汁——小さじ 1

塩——ひとつまみ

バニラエクストラクトまたはバニラオイル(あれば)
　——2 〜 3 滴

ドライクランベリー、レーズン——合わせて 40g

下準備

◎クリームチーズは室温に戻す。

◎クッキングシートを水でぬらして
　くしゃくしゃにしてバットに敷く。

◎オーブンは 220℃に予熱する。

1　ボウルにクリームチーズとグラニ
　　ュー糖、塩を入れ、ハンドミキサー
　　でなめらかになるまで混ぜる。

2　卵を溶いてバニラエクストラクト
　　を加え、1 に 2 回に分けて加え、そ
　　の都度 1 分ほどしっかりと混ぜる。

3　薄力粉をふるい入れて粉気がなく
　　なるまで混ぜ、生クリーム、レモン
　　果汁の順に加えて混ぜ、ドライフル

ーツを加えてゴムベラでさっと混
ぜる(a)。

4　バットに流し入れてならし(b)、天板
　　にのせ、220℃のオーブンで 18 〜 20
　　分、焼き色が全体につくまで焼く。

5　網にのせ、粗熱が取れたらクッキン
　　グシートごとバットから出して冷
　　まし、冷蔵庫で 3 時間以上冷やす。

6　好きな大きさに切って器に盛る。

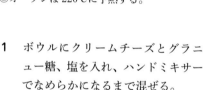

焼き上がりはやわらかくても OK、
冷やすことでギュッとおいしくなります

ベイクドチーズケーキ

ビターチョコとココアでコクと苦味を出し、
アマレットがほんのり香る本格派
チョコレートケーキ

材料 20.5 × 16cm のバット 1 台分

卵――2 個
グラニュー糖――60g
薄力粉――20g
ベーキングパウダー――小さじ½
アーモンドパウダー――20g
ココアパウダー――10g
製菓用ビターチョコレート――50g
バター（食塩不使用）――50g
塩――ひとつまみ
アマレット（リキュール）――大さじ 2
クルミの粗みじん切り――30g

仕上げ用
　粉糖――適量
　製菓用ビターチョコレート――適量
　ホイップクリーム（p.91 参照）――適量

下準備
◎卵は室温に戻す。
◎生地に使うチョコレートは、タブレットの
　ものはそのまま、板状のものは粗く刻む。
◎バットにクッキングシートを敷く。
◎オーブンは 180℃に予熱する。

1　ボウルに卵を割り入れてグラニュー糖を加え、ハンドミキサーで白っぽくもったりしてくるまで 3～4 分混ぜる。

2　1 にアーモンドパウダー、ココアパウダーを加え、薄力粉とベーキングパウダーを合わせてふるい入れ、ハンドミキサーでよく混ぜる（a）。

3　別のボウルにチョコレート、バター、塩を入れ、湯せんにかけて溶かし、なめらかになるまで混ぜる（b）。

4　3 を 2 に少しずつ加え（c）、しっかりと混ぜ合わせ、アマレット、クルミを加えてさっくりと混ぜる。

5　バットに流し入れてならし、天板にのせ、180℃のオーブンで 15 分ほど焼く。

6　クッキングシートごとバットから出し、網にのせ、粗熱が取れたらポリ袋に入れて少しおき、しっとりさせる。仕上げに粉糖、チョコレートを薄く刻んでふる。

7　好きな大きさに切り分けて器に盛り、ホイップクリームを添える。

材料 直径約18cmのもの1台分

パイ生地
　強力粉——100g
　全粒粉——30g
　塩——ひとつまみ
　オリーブオイル——¼カップ
　冷水——¼カップ
グラニュー糖——大さじ1
オリーブオイル——大さじ1
マスカルポーネクリーム
　卵黄——2個分
　グラニュー糖——20g
　マスカルポーネチーズ——150g
　生クリーム（乳脂肪分45%）——¾カップ

ヨーグルトクリーム
　プレーンヨーグルト（2時間水きりしたもの）——100g
　生クリーム（乳脂肪分45%）——大さじ2
　グラニュー糖——20g
バナナ——3本
ピスタチオのみじん切り——適量

下準備
◎オーブンは200℃に予熱する。
◎マスカルポーネクリームを作る。
　卵黄とグラニュー糖をハンドミキサーで
　白っぽくなるまで混ぜ、マスカルポーネチーズと
　生クリームを加えてもったりするまで混ぜる。
　冷蔵庫で冷やす。
◎ヨーグルトクリームの材料も混ぜ、冷やす。

1　パイ生地を作る。ボウルに強力粉、全粒粉、塩を入れてフォークでよく混ぜる。そのうち¼カップ分を別のボウルに取りおく。

2　オリーブオイルと冷水をさっと混ぜて1に加え、スケッパーで5～6回切り混ぜる。取りおいた¼カップ分を戻し入れ、スケッパーで1cm間隔の格子状に線が残るまでくり返し刻む（a）。

3　4つに切り、強力粉大さじ1（分量外）をふり、クッキングシートの上に取り出して重ね、軽く上から押さえて手前に半分に折る。両端を中心へ折りたたんで3つ折りにする（b）。

4　めん棒で直径20cmくらいにのばし、フォークで全体に軽く穴をあけ、縁を折りたたんで整える（c）。

5　折りたたんだ部分にオリーブオイルとグラニュー糖をふりかけ、200℃のオーブンで10分、180℃に下げて25分、焼き色がつくまで焼く。

6　パイが冷めたらマスカルポーネクリーム適量をぬり、バナナを適当な長さに切って敷き詰める。さらにマスカルポーネクリーム、ヨーグルトクリームの順にのせる。バナナの輪切りを並べ、ピスタチオを散らす。

オリーブオイルで作る
ザクッとした生地に、
バナナとクリーム山盛り！

バナナパイ

溶かしバターを最後に入れると
フワッと口当たりがよくなります

りんごのマドレーヌ

材料 直径7〜8cmのアルミのマドレーヌ型6個分

りんご（ふじ、紅玉など）── ½個
卵── 2個
グラニュー糖── 100g
薄力粉── 100g
ベーキングパウダー── 小さじ½
塩── ひとつまみ
バター（食塩不使用）── 120g

下準備
◎バターはボウルなどに入れ、
　湯せんにかけて溶かし、粗熱を取る。
◎オーブンは170℃に予熱する。

1　りんごは皮つきのまま4等分のくし
　形に切り、種と芯を取り除き、横に
　ごく薄切りにする。

2　ボウルに卵を割りほぐし、グラニュ
　ー糖を加えて泡立て器ですり混ぜ
　る。

3　薄力粉、ベーキングパウダー、塩を
　合わせてふるい入れ、粉っぽさがな
　くなるまで混ぜる。

4　溶かしバターを2回に分けて加え
　(a)、その都度よく混ぜ、半量のりん
　ごを加えて混ぜ合わせる(b)。

5　型の8分目まで流し入れ、上面に残
　りのりんごを並べる(c)。

6　天板に並べ、170℃のオーブンで18
　〜20分、竹串を刺しても生地がつ
　いてこなくなるまで焼く。粗熱が取
　れたら型をはずす。

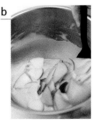

昭和の頃から親しまれてきた、懐かしのクレープレシピ

❦ クレープケーキ

材料 8 個分

クレープ生地
卵 —— 2 個
薄力粉 —— 75g
グラニュー糖 —— 40g
バター(食塩不使用) —— 15g
牛乳 —— ¾ カップ
バター(食塩不使用) —— 適量
ホイップクリーム(p.91 参照) —— 適量
カステラ —— 8 切れ

好みのフルーツ
(いちご、キウイ、ブルーベリー)
—— 各適量

下準備
◎クレープ生地に使うバターは
ボウルに入れ、湯せんにかけて溶かし、
粗熱を取る。
◎牛乳は沸騰直前まで沸かし、
粗熱を取る。

1　クレープ生地を作る。ボウルに卵を割り入れて泡立て器で溶きほぐし、グラニュー糖を加えて混ぜる。薄力粉をふるいながら加えて混ぜ、溶かしバターを加えて乳化するまでしっかりと混ぜる。

2　牛乳を少しずつ加えて混ぜ合わせ、ボウルにラップをして 30 分ほど休ませる。

3　フライパンを熱してバター 5g くらいを溶かし、2 の生地をお玉 1 杯(40 〜 50mℓ)すくって流し入れ、フライパンに広げる。

4　弱めの中火で焼き、表面の色が変わって空気が入り、縁が少し浮いてきたら(a)、ひっくり返してさらに 1 分ほど焼く。焼き上がったら取り出し、同様にしてあと 7 枚焼く。

5　クレープの中央にホイップクリームをのせてカステラをおき(b)、左右、上下を中心へ折りたたんで包む。

6　いちごはヘタを取って 4 つ割りにし、キウイは皮をむいていちごと同じくらいの大きさに切る。

7　5 のクレープのとじ目を下にして器に盛り、ホイップクリームを星口金をつけた絞り袋に入れて絞り出し、フルーツを飾る。

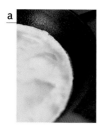

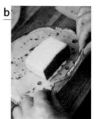

118

特製ドリンク

ひと手間かけるだけで
新しいおいしさ！
レパートリーが広がります

コーヒーとココアの
おいしい組み合わせ

🎴 カフェモカ

材料 1人分

濃いめに淹れたコーヒー(温かいもの)
　　—— ¼ カップ
ココアパウダー —— 小さじ 1
牛乳 —— ¾ カップ

耐熱容器にココアパウダーとコーヒーを入れてよく溶き混ぜ、熱した牛乳を加えてよく混ぜる。カップに注ぐ。

この甘い香りが、
冬の季節のお楽しみ

🎴 アップルティー

材料 作りやすい分量

りんごの皮 —— 1個分
紅茶の茶葉(アッサム) —— 2 g

鍋に水2カップとりんごの皮を入れて中火で熱し、煮立ったら火を止めてふたをして2分蒸らす。再び火にかけ、煮立ったら火を止めて紅茶の茶葉を入れ、ふたをして3分蒸らす。カップに注ぎ、薄切りのりんご少々(分量外)を浮かべる。

塩を入れると甘さが引き立って、
一層おいしい

🎴 塩ココア

材料 1人分

ココアパウダー —— 大さじ 1
グラニュー糖 —— 大さじ 1
塩 —— ひとつまみ
牛乳 —— ¾ カップ
仕上げ用
　ホイップクリーム(p.91参照) —— 適量
　ココアパウダー —— 少々

鍋にココアパウダー、グラニュー糖、塩、牛乳大さじ1を入れて弱火で熱しながら練り、残りの牛乳を少しずつ加えて溶きのばす。カップに注ぎ、ホイップクリームを星口金をつけた絞り袋に入れて絞り出し、ココアパウダーをふる。

和と洋のハーブの
組み合わせを楽しむ

🎴 ほうじ茶カモミール

材料 1人分

ほうじ茶の茶葉 —— 2g
カモミール(フラワー) —— 3g

鍋に水1¼カップとカモミールを入れて中火で熱し、煮立ったら火を止める。ほうじ茶の茶葉を加えて30秒したら、茶濾しで濾す。濾したカモミールのつぼみを浮かべる。

メロンの果実を使って、
ちょっと贅沢に

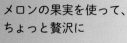 # フレッシュメロン
クリームソーダ

材料 1人分

メロン──皮を除いて 250g
グラニュー糖──大さじ 1 〜 2
炭酸水──80 〜 100㎖
氷──適量
バニラアイスクリーム──適量
飾り用メロン──適量

1　メロンは種の部分をザルに入れて
　スプーンなどをギュッと押しつけ、
　果汁を搾り取る。

2　果肉を適当な大きさに切り、**1**、グ
　ラニュー糖とともにミキサーに入
　れて撹拌し、ピュレにする。飲んで
　みて甘いと感じるくらいにグラニ
　ュー糖の量を加減する。

3　グラスに**2**を入れ、炭酸水を注いで
　氷を入れ、混ぜる。アイスクリーム
　をのせ、メロンを飾る。

自家製シロップは
スパイスを効かせるのがコツ

❦ レモンスカッシュ

材料 1人分

レモンシロップ（作りやすい分量）
　レモン（国産）── 2個
　グラニュー糖── 50g
　はちみつ── 100g
　カルダモン── 5〜6粒
　黒粒こしょう
　　── 15粒
炭酸水── ½カップ
氷── 適量

1　レモンシロップを作る。レモンは洗
　　って薄い輪切りにし、カルダモンは
　　ハサミで縦に切り込みを入れる。
2　小鍋に自家製レモンシロップの材
　　料を入れ（a）、弱火にかけ、焦げない
　　ようにときどき鍋底から混ぜ、⅓量
　　になるまで煮つめる。冷めたら保存
　　瓶などに入れる。
3　グラスにレモンシロップ¼量、湯小
　　さじ1を入れてよく混ぜ、炭酸水を
　　注いで氷を入れて混ぜる。

a

夏におすすめ、
すっきりとした飲み心地
❦ ビネガー
　スカッシュ

材料 1人分

ブルーベリージャム──大さじ1½〜2
ワインビネガー(白または赤)──小さじ½
炭酸水──½カップ
氷──適量

1　グラスにブルーベリージャムとワ
　　インビネガーを入れてよく混ぜ、炭
　　酸水を注いで氷を入れる。混ぜて飲
　　む。

朝食にももってこいの
パワードリンク

✤ アボカドバナナ
ハニージュース

材料 1人分

アボカド——½個
バナナ——½本
はちみつ——大さじ1½
牛乳——1カップ

1　アボカドは丸1個を半分に切る場
　合、縦に1周切り込みを入れ、皮と
　種を取り除き、適当な大きさに切
　る。バナナも適当な大きさに切る。
2　すべての材料をミキサーに入れて
　攪拌し、なめらかにする。牛乳の量
　は好みで調整を。
3　グラスに注ぎ、好みで氷を入れる。

組み合わせ自由。
桃缶は欠かせない

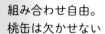 ミックスジュース

材料 1人分

白桃（缶詰）——½個分
キウイ——1個
オレンジ果汁——1個分
牛乳——½カップ
はちみつ——大さじ1½

1 すべての材料をミキサーに入れて
  攪拌し、なめらかにする。
2 グラスに注ぎ、好みで氷を入れる。

蒸留酒を忍ばせて、
香り高く

バーボン
バニラシェイク

材料 1人分

バニラアイスクリーム——1個(200㎖)
牛乳——½カップ
氷——2片
バーボン(ウイスキー)またはラム酒
　　——大さじ1
飾り用さくらんぼ(缶詰)——1粒

1　バーボンは小鍋に入れて中火にか
　　け、フツフツしてから10秒ほどお
　　き、火を止めて冷ます。
2　さくらんぼ以外の材料をミキサー
　　に入れて攪拌し、なめらかにする。
3　グラスに注ぎ、さくらんぼをのせ
　　る。仕上げに好みでバーボン少々(分
　　量外)をたらす。

kiyomi
小堀紀代美
kobori

料理家。実家は栃木県の洋菓子店。おいしいもの好きが高じて世界各国を食べ歩き、2010年にカフェ「LIKE LIKE KITCHEN」を開店し、そこに通う常連客の「料理の作り方を教えてほしい」との声に応えて、料理教室「LIKE LIKE KITCHEN」をスタート。確実においしく作れるレシピにファンも多い。著書に『ライクライクキッチンの旅する味 予約のとれない料理教室レッスンノート』(主婦の友社)、『予約のとれない料理教室 ライクライクキッチンの食後のデザート』(文化出版局)などがある。

Instagram @likelikekitchen

予約のとれない料理教室「ライクライクキッチン」の
特製レシピ65

コボリ喫茶室

2024年5月31日　初版発行

著　者　小堀紀代美
発行者　三宅 明
発　行　株式会社毎日が発見
　　　　〒 102-8077
　　　　東京都千代田区五番町3-1 五番町グランドビル2階
　　　　電話　03-3238-5473(内容問い合わせ)
　　　　https://mainichigahakken.net/

発　売　株式会社KADOKAWA
　　　　〒 102-8177
　　　　東京都千代田区富士見 2 -13- 3
　　　　電話　0570-002-008(購入・交換窓口)

印刷・製本　TOPPAN株式会社

調理アシスタント
　夏目陽子
　藤田有早子
　高田智子
　室井陽子

ブックデザイン
　茂木隆行

撮影
　広瀬貴子

スタイリング
　久保原恵理

校正
　新居智子
　根津桂子

編集
　松原京子
　本澤佐好子(毎日が発見)